大家小小书

篆刻 王兴家

中国历史小丛书

新编历史小丛书

新编历史小丛书·史话

故宫史话

单士元 著

北京出版集团
文津出版社

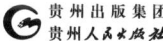

贵州出版集团
贵州人民出版社

目　　录

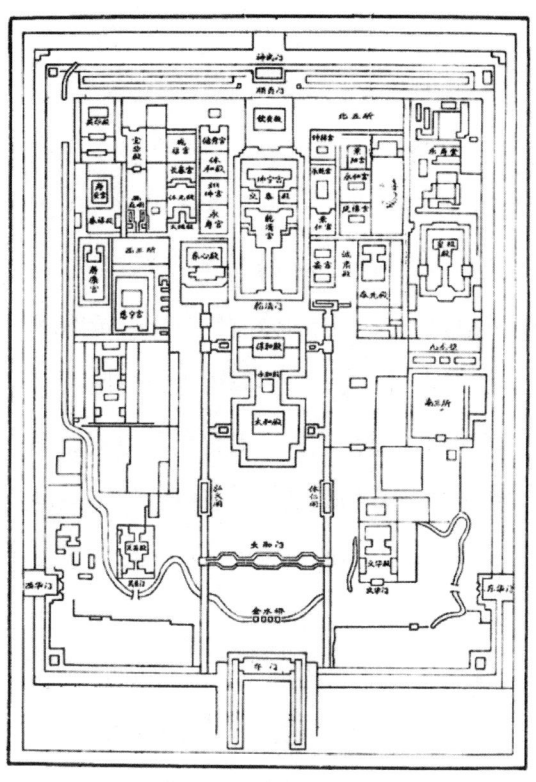

图1-1　故宫博物院平面图

在我国首都北京城区的中心，密密层层地结集着一群非常壮丽的古代建筑，金碧辉煌，殿阁沉沉，这就是有名的故宫，是我国明清时代封建皇帝的宫殿。这个区域，在当时称为紫禁城，又名大内。当时这里警卫森严，即使是贵到极品的将相大臣，没有皇帝的特许也不能进去；一般老百姓是连走近城下望望宫墙殿角也是犯禁的。

1911年辛亥革命以后，成立共和政体的"中华民国"，清朝皇帝退位，却还盘踞着这座宫殿。只有外朝前面的三个大殿开始开放，设立古物陈列所，陈列着由热河行宫里移来的一些珍贵古物，公开展览。到了1924年，那个退位的皇帝才带着家属全部退出内廷宫殿，1925年成立故宫博物院。不久，古物陈列所和故宫博物院两部合并，统称故宫博物院，从此故宫才全部统一开放了。但起初门票定价昂贵，也不是一般群众都能买票进门的。只有在新中国成立以后，故宫才归回人民，获得了新生。

一、殿阁巍峨，气象万千

　　故宫是一座古城，占地七十二万多平方米，围成一个方形。朝南正门是午门。门上有高楼，非常壮丽，这就是五凤楼。午门之外是旧皇城，皇城的向南正门就是天安门。故宫的北门叫神武门，向北正对着巍峨秀丽的景山（明代称万岁山）。故宫的东门是东华门，西门是西华门。进得午门，一直向北走，先到三大殿——太和殿、中和殿、保和殿，①次经乾清宫、交泰殿、坤宁宫，直通御花园，园的正中有钦安殿，再往北就到神武门。这一条从午门到神武门贯通南北的直线上，前后并立着许多宫殿，正是故宫的骨干建筑，构成了全部宫殿的中轴。这个中轴恰恰又安坐在北京全城的中轴线上。在这中轴的两边，三大殿左右有文华殿、武英殿；乾清宫、交泰殿、坤宁宫的左右更是重重殿宇，层层楼阁，万户千门，目迷五色。这样的建筑结构，这样的宫殿布局，真个是宏伟壮丽，气象万千。

这座宫殿是明朝初年造成的。当初明太祖朱元璋建立明朝，定都金陵（南京）。朱元璋封第四子朱棣为燕王，镇守北平府。明太祖死了，因为皇太子早死，就由皇太孙朱允炆继承皇位，史称建文帝。后来燕王赶走了侄儿建文帝，夺得了帝位，他就是明成祖。他在即位的第一年，即永乐元年，就把北平府改称北京，随后又在北京建筑了一座新皇宫，规模十分宏伟。永乐十八年（1420年）就正式迁都到北京来了。以后历代皇帝继续增修改建，自然更是雄壮华丽了。这座宫殿，一直保存到今天，就是我们人人可以去游览的故宫。

原来北京在元朝就是京城，当时称大都。朱元璋以南京为京师，大都改称北平府。原大都的元朝皇宫，太液池以西的隆福宫等宫殿作了朱棣的燕王府，太液池以东的大内宫殿就任其荒芜并且逐步拆毁了。因此明成祖要迁都北京，就得重建皇宫。明成祖在永乐四年

（1406年）下诏，从第二年起着手营建北京。于是进行备料工作，集中了全国许多著名的能工巧匠，陆续征调了二三十万农民和一部分卫军做壮工，在北京大兴土木，兴建皇宫及其他建筑物。由于工程十分艰巨，准备工作甚费时日，又由于对割据漠北的蒙古地方势力连年作战的影响，营建工程在永乐十五年（1417年）才全面展开，到永乐十八年（1420年）才完成。据史书记载，北京的皇宫是以南京的皇宫为蓝本的，但规模更为宏大，建筑更为富丽堂皇。

大批工匠和壮工流血汗，绞脑汁，辛勤劳动，修成了这座规模宏伟的宫殿，却很少能够在明清两代的史册上留下他们的名字。这些前前后后为修建这座皇宫出力的工人，只在某些文献上还可以零星地查到几位，如：

　　明朝的杨青，瓦工，永乐朝在京师营造宫殿；

　　蒯福，木工，永乐朝营建北京宫殿；

　　蒯祥，木工，永乐、正统两朝营建北京宫殿；

　　蔡信，工艺，永乐朝营造北京宫殿；

　　蒯义，木工，永乐朝营造宫殿；

　　蒯纲，木工，永乐朝营造宫殿；

　　陆祥，石工，宣德朝营建宫殿；

徐杲，木工，嘉靖朝营建
三殿；

郭文英，木工；

赵德秀，木工；

冯巧，木工；

清朝的梁九，木工；

雷发达，木工出身，康熙朝
参与宫殿和园林等建
筑图样设计。子孙继
承其事业，他的一家
有"样式雷"之称。

但是除了这寥寥几个人之外，其
余都无姓名可考了。

修建这座宫殿的木料，都是从四
川、贵州、广西、湖南、云南等地深山
老林中采伐来的。当时运输条件很差，

据说大树砍倒以后，要等待雨季利用山洪从山上冲下来，然后由江河水路运到北京。一根做栋梁用的大材，不知要流尽多少人的血汗才能运到工地。还有石料，更是笨重，大都是从北京附近的房山、盘山等山上开采来的，运输就更困难了。工人和农民们，遇到冬季严寒时节，就在通往北京的道路上泼上水，铺成一条冰道；夏季酷热时节，就在路面上铺上滚木，造成一条轮道：这样来运石料。运一块大石头，往往要用好几百个人。据说当日为了供应运料冰道用水，就在沿路大道边上每隔一里左右凿一口井。由此可见，我国古代劳动人民为了修筑这座宫殿，付出了多么艰巨的劳动。可是宫殿盖成以后，却成了封建王朝统治和压迫劳动人民的政治中心，封建皇帝恣意享乐的地方，劳动人民不能向它走近一步。

故宫里最大的建筑是三大殿：太和殿、中和殿、保和殿。这三个大殿结成一组，基石都用汉白玉石砌成，高达七米。太和殿高达二十八米，宽十一间，进深五间，是一座五十五间房子组成的大殿堂。殿内正中有一个大约二米高的地平台，上面设着金漆雕龙宝座，两旁有蟠龙金柱，座顶正中的金龙藻井②倒垂着圆球轩辕镜，金碧辉煌，庄严富丽。这座殿堂就是过去封建皇帝坐朝的金銮殿。每年在元旦节、冬至节、万寿节（皇帝的生日）要在这里举行庆祝典礼。遇到其他的大庆典或大事件，像新皇帝"登极"、颁发诏书、公布进士黄榜③以及派大将出征，等等，也要在这里举行隆重的仪式。在举行这些大典时，太和殿门前，从露台上起，陈设着仪仗旗帜，连续不断，南出午门，一直排到天安门。大殿廊下摆着乐器，一边是金钟，一边是玉磬，还有笙、箫、琴、笛，总称为中和韶乐。在封建皇帝登上宝座时，金钟响，玉磬鸣，玎玎玑玑，铿铿锵锵，十分和谐地奏起乐来。殿前陈设的炉、鼎、仙鹤，都吐出袅袅香烟，缭绕宫廷。露台上下跪满了文武大臣。在这种排场之下，皇帝真像是个什么"真龙天子"，威势逼人。

第二座殿叫中和殿，是一座亭子形方殿。殿内也摆着宝座。每当封建皇帝有事去太和殿举行大典礼以前，先在这个殿堂里小坐准备一下；有时还在这里举行受贺仪式的演习。

第三座殿叫保和殿，在清代，这里是年终举行大宴会的地方。参加宴会的主要是各少数民族中的王公贵族和在北京的文武大臣。这是封建统治集团年终的"庆功宴"。清雍正朝以后，进士考试又由太和殿改在这里举行。

进士考试要在金銮殿上举行，叫作殿试。殿试要作"对策"，写文章对答皇帝所提出的问题，大体不外乎是如何巩固统治的办法。答得符合统治君主的心意，并且书法、文章都很好的，选出前三名列为一甲，就是状元、榜眼、探花，称为赐进士及第。其次还有二甲若干名，称为赐进士出身；三甲若干名，称为赐同进士出身。殿试录取的，就是进士了，可以逐步升官享受荣华了。皇帝就是用这样的手段收买笼络读书人的。太和殿、保和殿，曾先后做过殿试的试场。

在三大殿之后，走过一片小广场，正北有座华丽的宫门，叫乾清门。门前金缸、金狮相对排列。清代皇帝有时在此举行听政仪式。门中设宝座，皇帝坐着听各衙门主管大臣依次奏事，叫作"御门听政"，这是表示皇帝亲政的一种仪式。乾清门外三大殿等地区是外朝，乾清门里面则是内廷，皇帝和他的家属就住在这里。乾清宫是皇帝的寝宫。坤宁宫是皇后的寝宫。这两宫之间夹着一个小方殿，名叫交泰殿。这三座宫殿总称为后三宫。人们也习惯于把前朝的三大殿与内廷的乾清宫、坤宁宫合称"三殿两宫"。三宫东西两厢还有存贮皇帝冠袍带履的端凝殿，放图书翰墨的懋勤殿，有皇子读书的上书房，有翰林④承值的南书房。东西两侧分开着日精门、月华门、龙光门、凤彩门、基化门、端则门、景和门、隆福门，通向东六宫和西六宫。东、西六宫是众妃嫔居住的地方。在东西六宫之后，各有五组同式的宫殿，那是皇子们居住的地方。这些就是向来所说皇宫里的"三宫六院"。

御花园里有许多苍松翠柏，奇花怪石，楼阁亭台，池馆水榭，景色缤纷，这里就不细说了。

东南部还有宁寿宫的一个特殊区域，那是18世纪70年代建造起来的。这部分宫殿的建造却有一段有趣的历史。清朝乾隆三十七年（1772年），乾隆皇帝打算在自己做满六十年皇帝以后，就让位给儿子，自己做太上皇帝，所以在他让位之前二十多年，就开始经营太上皇帝的宫殿——宁寿宫，并且还建造了一座花园。在当时，按照他的年龄计算，要到乾隆六十年，他就是八十五岁的老人了。能不能活到那样高的年纪，当然是没有把握，所以一再"焚香告天"，祈祷上天保佑他长寿。因而在各个建筑物的题名上，都充满了希冀长寿的意思，如乐寿堂、颐和轩、遂初堂、符望阁，等等。到1795年，即乾隆六十年，他果然达到了这个愿望。于是他将宝座让给他儿子嘉庆皇帝，但他在"归政仍训政"的名义下，实际上还掌握着政权。他让位后，又活了三年才死去。

西南部有慈宁宫、寿安宫、寿康宫等宫殿，都是老太后、老太妃等人住的地方，因而这一区域里佛殿经堂特别讲究，让她们晚年在这里称心享乐，好再修所谓"来世"之福，也还有前朝留下来的年轻妃嫔住在这里，那倒不是什么享受了，实际上是用这样的囚笼来禁锢她们的终身。

环绕皇宫有宫城，即紫禁城。保卫着紫禁城的是皇城。皇城外面才是都城的城墙。在各座殿堂周围还有高大约四米，厚大约二米的小宫墙。除了重重高墙卫护之外，还有大批的卫军在千门万户中重重把守。

注释：

①本书所记宫殿门阙，都是清代的名称。天安门：明代称承天门。神武门：明代称玄武门。三大殿：明代建成时称奉天殿、华盖殿、谨身殿，明嘉靖时重修后改称皇极殿、中极殿、建极殿。

②宫殿内天花板的中部凹入成井形，饰以木雕装饰，叫藻井。

③科举例须逐级考试，最高一级是在宫殿上考试，叫殿试。殿试进士，用黄纸发布名榜，叫进士黄榜。

④明清时期，选进士中长于文

学、书法的担任翰林院的官职，值班侍奉皇帝，分任讲读、编撰、备咨询等事；这些官员，一般都称为翰林。

二、听政决策，统治中心

北京作为全国的政治中心，是从元朝开始的。元朝实现了汉、唐以后规模空前的统一，这在中国历史的发展上具有重大意义。但元朝短促而亡，明、清两朝则绵延了五个半世纪，使中国这个多民族的统一大国获得了极大的巩固。在这个东方大国的京城中，紫禁城是城中之城，是明、清两朝中央政府决策之地，是王朝的统治中心。

皇宫既是皇帝居住之所，又是封

建中央政权最高机构所在地。上面已经提到，皇宫前朝的三大殿是皇帝听政和举行大典的地方。明、清两代总理全国政务的内阁，就设在皇宫里。明内阁在左顺门（清称协和门）东南；清内阁就设在明内阁的旧址。有关全国政务的政令，由内阁发出；全国各地向皇帝上奏请示，也通过内阁进呈。按明朝初期，内阁大学士只是皇帝身边的顾问、文学之臣；明中叶以后，内阁权重，成了中枢机构，内阁大学士也成了相当于前朝宰相的执政大臣。清朝的内阁是中央最高官署，大学士居文臣之首，但实权不如明朝。

清初，由极少数满族王公贵族参加的"议政王大臣会议"，是最高的决策机构，有权决定军国大事。会议地点就在中左门外。在议政制度下，除皇帝外，一部分王公贵族参与执掌最高权力。康熙、雍正、乾隆三朝，不断加强皇权，这种议政制度就逐步削弱以至废除了。

康熙帝在年轻时智擒鳌拜，就是打击权臣的一个著名事件。康熙即位时才八岁，辅政的议政大臣、一等公鳌拜把持朝政，结党营私，诛戮异己，根本没有把小皇帝放在眼中。康熙八年（1669年），十六岁的康熙已经成长为英俊的青年，他了解到鳌拜专横乱政，决定加以严惩。他鉴于鳌拜在朝中党羽很多，他本人又多力能武，恐怕难以制伏，就挑选一批健壮有力的宫中年轻卫士，表面上经常作"扑击之戏"，实际上是在练习武艺。这年五月^①间的一天，鳌拜入朝进宫。按照事先的布置，康熙令这批善于扑击的卫士突然打倒鳌拜并把他捆绑起来；随后就宣布鳌拜结党擅权等三十条大罪，给以革职、抄家和禁锢的严厉处分。清朝禁卫军中的善扑营，就是从此成立并定为正式编制的。

康熙帝为了集权的需要，在康熙十六年（1677年）选调翰林等官入乾清宫南书房值班，称作"南书房行走"，作为协助皇帝处理政务的机要班子。这在实际上就分了内阁的权力。

雍正七年（1729年），雍正帝为便于迅速处理讨伐西北准噶尔部叛乱势力的军务，特命一些亲信臣僚，在隆宗门内他的寝宫养心殿墙外几间小板房内值班，等候他随时召见。这地方初名军需房，后称军机房，又改称军机处，乾隆朝时还重新改建房屋。这个临时性的值班房，于是变成永久性的机构，它的职权范围也不单限于管军事，逐渐把全国政治都管了起来。原来的内阁名义上还是中央最高官署，但只是办理日常例行公事，颁发布告，保管皇帝下发的制、诏、诰、敕等文告和臣下上奏的题、奏、表、笺等文书。军机处则成了实际上的中枢机构。不过，那时候封建王朝的最高权力完全操在皇帝一人手里，军机处也不过是直接听命于皇帝、更便于皇帝贯彻其意旨的办事机构而已。

军机处是封建专制主义中央集权制高度发展的产物。它既增强了皇帝个人的专制权力，也加强了王朝中央政府对于地方政府的管辖权，因而在巩固国家的统一方面是具有积极作用的。宣统三年（1911年）四月，清政府改变中枢机构，成立所谓"责任内阁"，撤销军机处，这不过是玩弄立宪骗局以抵制革命。不久，辛亥革命爆发，清朝覆灭，紫禁城作为封建统治中心的历史也随之结束了。

注释：

①本书所记月日，农历用汉字，公历用阿拉伯数字。

三、专横凶虐，穷奢极侈

历代的皇帝都带领着一群后妃、皇子、公主、宫人居住在深宫之中，过着穷奢极侈的生活。在民间长期流传着的鼓儿词里，提起皇家内廷宫殿时，总要说到三宫六院七十二妃嫔。一般人又常常说皇宫里是"粉黛三千"。这都是说皇帝妻妾众多，尽情享乐。这些话是有来历的。我国古书《周礼》的注疏中记载周朝的制度是"天子后六宫三夫人九嫔二十七世妇八十一御妻"。这是较早的文献材料。再翻开二十四史来看看，历朝都是一脉相承，制定六宫额数。汉代、唐代的内廷，在后妃以下还都设有宫官女职，一般都是数百人。《后汉书》里曾记陈蕃上书给皇帝，批评皇帝在千千万万老百姓吃不饱、穿不暖的时候，皇宫里却采选了几千宫女，吃肉穿绸，擦油抹粉，朱红点唇，黛黑画眉，算不清的耗费。明代内廷除后妃外，女官有六局，每局下有四司，总数也过百人。永乐朝以后，各局执掌的事务虽然很多划归宦官去办，但是嫔御、宫人还是连年不断地采选进宫。封建皇帝大都是荒淫无度的，如明朝嘉靖皇帝时，一次同时选进宫中有名号的妃嫔就有九人。因为是有名号的，所以写在史书里，今天还有数可查，其他更多无名号的自然不见记录，那就不知其数了。《明史》后妃传中所记的宫人名号有宫人、选侍、才人、淑女，等等。到了明朝末年，宫廷里"宫女多至九千人，内监至十万人"①。清代后宫有皇后、皇贵妃、贵妃、妃嫔、贵人、常在、答应等各种等级的后妃嫔妾，此外还要选秀女、宫女，人数也是上百上千的。

这些被选进皇宫的女子是怎样的命运呢？明朝的九千宫女、十万内监，经常是"饮食不能遍及，日有饿死者"②。至于那些称妃称嫔的人，一旦失宠，结局就是被关闭在宫内禁室里，终生不得出来，甚至还惨遭弄权的宦官谋害。明光宗的选侍赵氏，惹恼了大宦官魏忠贤，魏忠贤假传圣旨，逼死赵氏。当时逼得赵氏将光宗赐给的首饰金珠之类，全拿出来放在桌上，然后上吊自杀。在清朝，乾隆皇帝的皇后被黜废，同治的皇后吞金而死，光绪的珍妃被推入井中淹死。至于宫女被笞打而死的事，那就更不稀罕了。提起明清宫女的故事，不由得联想到唐代大诗人白居易揭露宫女悲惨处境的诗句："三千宫女胭脂面，几个春来无泪痕？"宫女们天天在含泪暗泣，却还得强作笑脸，奉承君王的欢乐，真是无限凄惨。18世纪著名文学作品《红楼梦》曾描述了清朝选秀女的事，那是反映了当时宫廷的真实情状的。《红楼梦》第一回中，冷子兴说贾府历史，讲道"政老爹的长女名元春，现因贤孝才德，选入宫中作女史去了"。第十六回则叙及"贾元春才选凤藻宫""晋封贤德妃"，已由秀女上升到有名号了。宫门一入深似海，这是秀女的结局。这部小说里说明了虽然清朝曾规定有名号的妃嫔一年可以会见一次年老的父母，可是这种待遇还须等待皇帝正式发出准许"会亲"的诏令才行。其实这"会亲"也还是一幕悲剧。

《红楼梦》第十八回贾元春省亲一段写道："贾妃满眼垂泪，方彼此上前厮见，一手搀贾母，一手搀王夫人，三人满心皆有许多话，只是俱说不出，只管呜咽对泣……半日，贾妃方忍悲强笑，安慰贾母、王夫人道：'当日既送我到那不得见人的去处，好不容易今日回家娘儿们一会，不说说笑笑，反倒哭起来。一会子我去了，又不知多早晚才来。'说到这句，不禁又哽咽起来。"

又元春向贾政说："田舍之家，虽齑盐布帛，终能聚天伦之乐。今虽富贵已极，骨肉各方，然终无意趣。"《红楼梦》作者笔下的元春，已是一个有名号的妃子，贾府又是那样的富贵气派，会亲的一幕却还是这般凄惨，这是文学作品对真实情状的反映。要论真正的历史事实，在清朝封建宫廷里，从来不允许宫人回家省亲的，那真是一入宫门，便与亲人生离死别，更是悲惨。皇帝挑选秀女，紧紧关在宫中不肯放松一步；只图自己欢乐，不顾人家伤心，真是凶暴专横透顶了。

几百年来，经过明清两代，一共有二十四个皇帝居住过这座皇宫。他们都是带着宠爱的后妃和嫔御，役使着成百成千的宫人秀女，住满了三宫六院。他们的日常生活都是穷奢极欲、荒淫腐朽。从前老百姓曾经这样说过："朝廷里吃的是龙髓凤肝，用的是金杯玉盏。"在这句话里隐含着怨气和仇恨，是被剥削者控诉的呼声。现在故宫博物院里陈列出来的金器玉器和历史档案里"御膳房"的膳单，都足以证明老百姓说的话是实在的。在过去的阶级社会里，老百姓被剥削得吃糠咽菜、缺衣少穿，皇宫里却是过着荒淫奢侈的生活。一位参观过故宫博物院的人说得对："看到了这种陈列，才知道过去历史上的农民为什么要革命。"

先谈谈明朝的情况。这里不说别的，单说以节俭自命的明朝末代皇帝崇祯时的情况。当时由于财政十分拮据，朝廷大谈所谓"节省"，而皇帝为了宫廷享受，令各地进贡物品即所谓"上供"依然如故。例如：每年令仪真（今江苏仪征）贡酒缸十万口；宫内用来蘸油充火把的粗麻布，由袁州（今江西省宜春市）解送，一年费银一万两，这算是很小的款项；每年由广信府（治所在今江西省上饶市）上贡宫内用的糊窗纸，就要费银 二十万两；而每年由湖北和浙江一些府州解充宫内作门帘用的黄丝绢，动辄以百万匹计。此外，宫内元宵节张灯，一次要耗银六十余万两；

发给宫内宦官们买靴的钱，有时一次竟达银一百三十万两。这里揭载的不过是很少几条资料，而明朝宫中的奢侈靡费即由此可见一斑。

再说清代的宫中情况。清宫里有个内务府，是皇帝的管家机关。现存的清内务府档案中，还保存着18世纪乾隆朝直到20世纪光绪朝寿膳房（皇太后用的）、御膳房（皇帝用的）的膳单。年代较远的不用讲，单说清朝末年同治皇帝初立时东、西两太后"垂帘听政"③时代的。那时候已是清朝衰落的时代了，可是她们的饮食享受还是那样奢侈，据说在燕窝菜上，还得用艺术装点，堆出"万寿无疆"的吉祥语，祝颂他们统治万岁。有一张冬季菜单是这样安排的：

　　皇太后二位，每位前晚膳一桌。火锅二品：八宝奶猪火锅，酱炖羊肉火锅。大碗菜四品：燕窝万字金银鸭子；燕窝寿字五柳鸡丝；燕窝无字白鸭丝；燕窝疆字口蘑肥鸡汤。杯碗四品：燕窝鸡皮；煇④鱼脯；鸡丝煨鱼面；大炒肉炖海参。碟菜六品：燕窝炒炉鸭丝；蜜制酱肉；大炒肉焖玉兰片；肉丝炒鸡蛋；熘鸡蛋⑤；口蘑炒鸡片。片菜二品：挂炉猪；挂炉鸭。饽饽四品：白糖油糕寿意；立桃寿意；苜蓿糕寿意；百寿糕。随克食⑥一桌：猪肉四盘，羊肉四盘，蒸食四盘，炉食四盘。

这是固定菜单，还有临时增加的时菜。皇帝、后妃、皇族们每天还要贡献几道美味。合计起来就有上百种的食品了。这还不算完，这些东西在他们和她们口里有时吃得腻烦，因而在皇宫里还有野意膳房。所谓野意，不外乎是鹿脯、山鸡、熊掌、芦雁，等等，拿来换换日常口味。据西太后的亲信太监唐冠卿和陈平顺说：西太后每天都是吃菜一百多样。"传膳"的时候，在她座前，排列几张画金花的方桌，服侍太监由膳房捧食盒端菜，碗用五彩官窑或绿地黄龙碗，上面盖着银罩，由几十名太监按照上菜次序进菜。凡是平日喜欢吃的菜，放在最前列，还要摆上几个小碟，以便夹置更合口味的东西。据说在一百多样菜中仅尝几种，其余都是装装排场的。除封建朝廷里的皇帝和太后以外，后妃嫔侍也都各有宫分，吃的也都是山珍海味，水陆杂陈。他们一餐饭的消耗，抵得上农民多少年的生活费用。他们吃的，不都是民脂民膏吗？

封建统治者还妄想依凭宗教来保佑王朝万世长存，让他们能永远过着荒淫奢侈的生活。明太祖朱元璋年轻时当过和尚，当了皇帝后自然崇奉佛教。明朝不少皇帝兼信佛道，常在宫中召见僧人和道士。以昏庸荒淫出名的明嘉靖帝，妄想长生不老。他信道教，整天同方士鬼混在一起，在宫中修斋求仙。他曾听信方士陶仲文的骗人鬼话，在京师内外采选幼女，一次选八至十四岁者三百人入宫，另一次选十岁以下者一百六十人入宫，目的是"供炼药用"，也就是摧残这些幼女的身体去炼所谓长生不老的丹药，真是残酷到了极点。

清朝皇帝尊崇喇嘛教（佛教的一派，名叫密宗），也信奉从东北带来的原始宗教萨满教，皇后居住的坤宁宫就是宫内进行萨满教活动的地方。清朝入关后的第一代皇帝顺治极信佛教，曾请一些所谓高僧入宫讲佛法。这个年轻皇帝妃嫔众多，据说他最宠爱的是董鄂妃。他在董鄂妃死后痛不欲生（几个月后他因患天花去世），传说曾表示要舍掉帝位去当和尚，因此后来就有"顺治出家"的传说。

注释:

①清朝康熙谕旨中指摘明宫中旧事的话。

②同前注。

③同治帝生母慈禧太后是西太后，慈安太后是东太后。同治初立，年仅六岁，由两太后临朝，殿上用帘子分隔内外，所以叫垂帘听政。

④煠，把食物放在热水里稍微煮一下，现在都写为"汆"，或以"川"字代用。

⑤熘即"溜"字别写。熘鸡蛋，就是现在的溜黄菜。

⑥克食，满洲语，指小吃之类。

四、皇室争权，变故迭起

争权夺利是一切剥削统治阶级的本性。因此，历代封建王朝常常发生皇室内部的夺权事件。明朝宫内发生的著名三大案就属于这类事件。

一件叫"梃击案"：明神宗万历四十三年（1615年）五月，一个叫张差的平民手执木棍，闯入东华门，打伤侍卫，一直冲到太子常洛居住的慈庆宫。此案发生后，统治集团中互相攻讦，闹了个满天星斗。经过初审，张差供出指使者是郑贵妃宫中的两个太监。明神宗鉴于该案牵连到他宠爱的郑贵妃，就中止审讯，将张差定为疯子闯宫伤人，迅即处决了事。当时朝廷内外人言籍籍，后来不少史书也言之凿凿，认为真正主使者是郑贵妃及其弟郑国泰，他们企图除掉常洛，好让郑贵妃生的皇子立为太子。也就是说，这是一桩觊觎未来皇位的谋杀（未遂）事件。

另一件是"红丸案"：万历四十八年（1620年）七月明神宗病故，光宗（常洛）即位。八月底，病中的光宗服了官员李可灼进奉的"红丸"，次日清晨就突然死亡。朝臣又为如何处理此事展开争论。由于紧接着发生了"移宫"问题，"红丸案"就暂时被搁在一边了。

第三件就是"移宫案"：光宗一死，依光宗遗诏继承皇位的皇长子由校，应由慈庆宫入居皇帝居住的乾清宫，侍奉光宗的李选侍（选侍为没有封号的侍寝宫嫔）则应退出此宫。李选侍过去抚养过由校，这时提出仍由她照顾即将登位的由校，坚持不肯退出乾清宫。对此，部分大臣表示同意，不少朝臣竭力反对。有的声言：李选侍原为与"梃击案"有牵连的郑贵妃的亲信，"丽色藏剑"，决不能让她留居正宫。经过激烈的明争暗斗，九月初五日，李选侍被迫移出乾清宫，由校（明熹宗）于次日即位，一场涉及皇权的风波才告平息。

图4-1 故宫全景

（从天安门广场向故宫北望）

图4-2 太和殿

图4-3 保和殿云龙阶石

图4-4　隆宗门箭头（门额"宗"字旁
暗影即箭头所在）

图4-5 珍妃井

图4-6　明崇祯帝自缢古槐

在清代，康熙帝的晚年，他的诸子为夺取皇储一位，各树党羽，争斗不已。康熙死后，胤禛继承皇位，是为雍正皇帝。是否如传说所说，有谋父、逼母、弑兄、屠弟之嫌，这是清史中的一大疑案。雍正帝在自己的谕旨中曾力斥这些传说[①]之妄，但仍留下了种种疑窦。真相究竟如何，这本小册子里无暇深入考证。值得一提的是：雍正帝鉴于他们兄弟之间为争夺皇位而残酷争斗的教训，创立了一个确定皇储的新方法：不明白宣布某子为皇位继承人，而是秘密地书写其名字，一式两纸，一张藏在乾清宫所悬"正大光明"匾的背后，另一张藏在皇帝的寝宫养心殿。1735年雍正死后，王公大臣取出两纸，查对相符；乾隆帝弘历就是通过这种指定皇储的方法而承继了皇位。清廷内部夺权之争在乾隆以后缓和了一个时期，到了19世纪中叶，情况又起了变化。

1861年，清咸丰帝病死，他六岁的儿子载淳即位，年号同治。于是咸丰的东宫皇后钮祜禄氏称东太后，载淳的生母叶赫那拉氏称西太后（即慈禧太后）。西太后权欲熏心，她勾结恭亲王奕䜣，在该年11月2日发动宫廷政变，除掉了辅政大臣载垣、端华、肃顺等人，从而夺得了王朝的最高权力。接着，东西两太后共同垂帘听政，实权则操在西太后的手里。同治帝到了十八岁算是"亲政"了，但西太后抓权不放，因此母子之间的关系闹得很僵。1875

年同治帝患天花不治而死，他没有儿子。西太后为了继续把持大权，就立咸丰帝的侄儿又是她胞妹的儿子才四岁的载湉为帝，两宫皇太后再度垂帘听政。1881年东太后暴死，据传是西太后下的毒手。这样，西太后就更无顾忌了。光绪帝成长以后，在维新思潮影响下，于1898年（农历戊戌年）6月11日下诏变法。9月21日，西太后发动政变，扼杀了变法运动，把光绪帝禁闭在西苑②南海的瀛台。1908年，光绪帝就死在瀛台的涵元殿。

看，为了争权夺势，皇室内部至亲骨肉之间竟有这样尖锐的矛盾，这样剧烈的争斗，封建宫廷的黑暗也就可想而知了。需要说明的是：西太后同光绪帝之间的矛盾，不仅是宫廷内部权力之争；西太后坚持反动的封建统治，光绪帝要变法维新，两者的矛盾是不可调和的。这里再连带讲一讲珍妃的惨死。

珍妃是光绪皇帝的妃子，她拥护光绪关于变法图强的主张，所以光绪很爱她。西太后顽固地反对变法，对光绪十分不满意，连带也恨透了珍妃，常常虐待珍妃，后来索性把珍妃打入冷宫，不许与光绪会面，最后在1900年竟将她投入井中活活淹死，真是残忍到了极点。

有两个清朝末年跟随西太后的亲信太监，一个叫唐冠卿，一个叫陈平顺。1930年时，他们都是七十多岁的老人了，当时故宫博物院曾请他们做顾问，协助整理故宫的工作。他们曾目睹珍妃被投井的这幕惨剧。据他们回忆，当时珍妃禁闭在故宫东南角的一个小院（在景祺阁北）里，与外界隔绝，按时由门隙里送进一些食物，寒去暑来，苦苦地度着凄惨的岁月。义和团反帝运动在北京展开后，1900年8月14日，由八个帝国主义国家组成的侵略联军攻入北京，西太后决定带着光绪逃走。临逃时，西太后命二总管太监崔玉桂将珍妃引出冷宫，坐在一口水井旁的石阶上，告诉她："洋人进城了，恐遭不测，难免污辱，不如死去。"当时就指着水井说："你下去吧。"在封建王朝里，这叫作"赐自尽"。这时随侍太监都被打发到游廊拐角处去了，只留着西太后、珍妃和总管太监。据陈、唐二人说，当时井上的井盖石已经挪开，井口掉得下一个人。他们望见珍妃还和西太后争吵了一阵子，细情听不清。最后听到西太后大声说："玉桂，把她推下去吧！"这个青年少妇就这样牺牲在水井里了。随后，西太后一伙人仓皇地出了神武门，逃出京城，绕道到西安去了。珍妃的尸体到1901年才打捞上来，当时又把小口井石盖盖好，像现在的样子。1900年淹死珍妃的水井，后来人们称之为"珍妃井"，现在还照旧保留在故宫里。这口井深深地揭露了封建宫廷中专制黑暗的内幕。

注释：

①雍正帝在名为《大义觉迷录》

的公开谕旨中记述了这些传说。传说之一是：康熙帝原定传位给"十四子"胤禵，康熙一死，胤禛（第四子）将有关文书中的"十"字改为"于"字，从而窃取了帝位。一说康熙病危时令胤禵来京的圣旨给胤禛的舅舅隆科多隐没了，康熙死后，隆科多就擅自"传旨"立胤禛为帝。

②西苑，即北海、中海、南海的总称，在皇宫之西，故名。

五、起义反抗，深宫剧斗

皇宫是封建政权的大本营，一切统治人民、压迫人民的号令和措施都是从这个大本营里发出去的。皇宫有高厚的宫城、深广的护城河，有密密匝匝的御林军拱卫着，真个是金城汤池，十分巩固。历朝专制皇帝又哪里料得到农民起义军竟会破城直入；当然更想不到深宫的内部竟也会有一次一次的剧烈战斗。历史证明：在阶级斗争十分尖锐十分剧烈的时候，皇宫堡垒是不堪一击的。下面就来讲几件这样的事。

前面已经讲过，明世宗嘉靖帝是个淫虐的昏君。据史书记载，侍候他的宫人稍不如他的意，他"辄加捶楚，因此殒命者，多至二百余人，蓄怨积苦"，终于激起了宫女的反抗。嘉靖二十一年（1542年），杨金英等十几个宫女，因在宫中深受压迫，痛苦不堪，决心同暴君拼一死命。九月二十一日夜里，她们乘嘉靖帝熟睡的时候，用绳子勒住他的脖子，不料误结了绳扣，一时未能致其死命。不久皇后带人来救，气息奄奄的嘉靖帝才侥幸留了一命。可怜这批宫人和被牵连在案的妃子都被残杀了。事后，这个昏庸的暴君便搬到西苑的万寿宫，不敢住在大内宫殿里了。

嘉靖帝在位时，明王朝已经走向衰落。政治黑暗，官吏贪污，横征暴敛，民不聊生，阶级矛盾日益尖锐，农民暴动此起彼伏。到崇祯元年（1628年），终于爆发了全国性的大起义。崇祯八年（1635年），起义首领大会于荥阳。在这些首领中，最杰出的是李自成和张献忠。崇祯十七年（1644年），闯王李自成率领一支纪律严明的队伍，得到广大人民的拥护，一路所向无敌，突破了汤池般的城墙壕池，于三月十八日攻占北京外城，次日攻进了内城，进入皇宫。明崇祯皇帝在宫里急得走投无路，先逼皇后自尽，再刺杀了身边的妃子，然后跑到皇宫后苑的煤山脚下，在一棵古槐树上上吊自杀。这支农民起义大军推翻了反动腐朽的明王朝，李闯王就在外朝武英殿里处理政事。当清军逼近北京时，李自成于四月二十九日在武英殿宣布即皇帝位，表示了誓同敌人斗争到底的决心，并于次日率军撤出北京。清军入关，占领了北京，这次农民大起义最后失败了，可是在故宫里却永远留下了值得后世纪念的农民起义遗迹。现在我们游览故宫，走到武英殿，自然会想起当年李闯王领导农民起义军推翻明封建王朝的光辉业绩。

清代在康熙、雍正、乾隆三朝算是隆盛时期；但是由于频年用兵，宫廷奢侈，老百姓负担不断加重，害得人民生活困苦不堪。乾隆皇帝更是挥霍无度，晚年信任权臣，政治腐败，贪污横行，人民生活更苦了，因此农民起义和少数民族起义接连爆发。到了乾隆帝的儿子嘉庆帝在位时，清王朝愈益走向下坡路，统治力也日趋削弱，人民反抗斗争的矛头就直接指向最高统治者皇帝本人和作为王朝统治中心的紫禁城。

清嘉庆八年（1803年），北京有个城市贫民陈德，受不了清廷的专制压迫，奋起抗争。他衣内藏刀，用计混进东华门，绕到神武门，候着嘉庆皇帝乘轿走到御花园外面时，就由神武门里西房趋出行刺。在这种场合下去行刺是十分冒险的，然而他却孤身奋斗，出入人群之中，刺伤了御前大臣额驸亲王、御前侍卫、高级勋戚官员等多人。但陈德终究寡不敌众，失败被捕，定罪是凌迟（用刀将肉体一块块碎割）处死。陈德的大儿子对儿十五岁，小儿子禄儿十三岁，按《大清律》，这样没成年的孩子应当是免死监禁，但在这次案件中，就不管什么《大清律》，下令跟陈德一道杀死了。你看，皇帝安居深宫，重重高墙，紧紧保卫，却还是避不开人民的刀刃。

嘉庆十八年（1813年），李文成、林清等人利用天理教①为宣传和组织的工具，在清朝统治的心脏地区发动了反清农民起义。起义在两个地区分别发动：河北、河南、山东三省边界起义由李文成领导，北京起义由林清领导。两地起义虽先后失败，但已给了清朝统治以沉重打击；特别是进攻紫禁城的壮举，吓得嘉庆帝惊呼，这是"汉唐宋明未有之事！"北京起义一开始就以攻打紫禁城为目标，当时皇宫里一部分内监也参加了起义组织。嘉庆十八年九月十五日（1813年10月8日），这支农民起义队伍在里应外合的形势下，分头由东华门、西华门突入清宫，在紫禁城里掀起了一场反抗专制统治的剧烈战斗，战事深入到专制皇帝寝宫养心殿附近。由于事先准备不成熟，而且毕竟是寡不敌众，这次起义最终失败了。可是在故宫隆宗门匾额上的东北角梁处，到现在还牢牢地钉着当时射出的箭镞，留下当年人民反清起义的遗迹呢。

注释：

①天理教，也叫八卦教，是白莲教的一支，教徒多为贫苦的农民、小手工业者以及城市贫民等。

六、文物宝玩，稀世珍藏

上面各节谈到的种种，大都已成为历史陈迹了。而明、清两代皇帝从全国各地搜刮入宫的文物宝玩以及在宫中编刻的图籍和制作的工艺品，仍有不少留存下来，成了稀世的珍品。这里就来做一番介绍。

在皇宫里还有一些有关文化艺术的宫殿院落，直到现在还保留着。其中有的是印书局，有的是图书馆，有的是档案库，更有特种手工艺工场。这些都是我国文化的珍藏、工艺的宝库。

　　首先说说皇宫里的印书局吧。在三大殿东西两旁各有一组建筑，在东华门内的叫文华殿，西华门内的叫武英殿。明、清两代，这里都是皇帝召见大臣商讨国事，或与文学侍从诸臣讲论学问的地方。明代皇帝经常叫武英殿中书①写书画扇面。到了清代康熙朝，在武英殿后成立了修书处，集合很多的文人学士在这里编写书籍。这时正是18世纪初期，中国印刷术大大地发展提高，因而就在武英殿里开办了一个印书工场。这个工场曾用铜活字版印了　部大类书《古今图书集成》。这是一部仅次于明代《永乐大典》的巨著，全书一万卷，分五千二百册。活字版，就是先制出各个单字，印书时用单字排成印版，书印成后，拆了版，单字仍然可以利用，再排印其他书籍。这方法就和现在铅印书籍排版法一样。这种技术，远在11世纪宋朝的时候就已发明了，不过当时是用胶泥制成活字，后来用木刻活字。在西方国家，直到15世纪才懂得活字印刷术，比中国要迟好几百年。到了13世纪，我国又出现了用金属制活字的技术。在18世纪的中国，皇宫用金属活字印行《古今图书集成》这样的大部头书籍，不能不说这是印刷史上的一件大事。

清乾隆时连续在武英殿集合文人学者编辑书籍，像四库全书缮书处就设在这里。除去编书外，也翻刻古籍。书版有整块的木刻版，有木刻活字版，木活字版就是有名的聚珍版。翻刻的书籍，准许全国文人学者定购。当时手艺最高的雕版工人，大都集中到皇宫里的印书工场，印书用的是我国特产的开花纸、连史纸等上等好纸。很多学问渊博的人整日在这里精勘细校，所以武英殿印行的书都是纸墨精良，校勘详审，跟坊间一般的刻本大大不同。因为这些书是在皇宫里武英殿刻印的，所以通常都叫作"殿本书"。现在故宫博物院图书馆有殿本书目，其中著录的即有七百余种。这些书在现在都是难得的善本了。

皇宫中也有属于图书馆性质的殿堂。在明代皇宫中有文楼，有文渊阁，就是宫廷中的大图书馆。著名的大类书

《永乐大典》有二万二千八百七十七卷，另有凡例和目录六十卷，共装成一万一千九十五册，是当时最大的百科全书，原来就收藏在这里。这是《永乐大典》的正本。后来又重抄了一部保存在紫禁城外的皇史宬，到了清代移存在翰林院。大约在明亡的时候，皇宫里的正本烧毁了。存在翰林院的副本，在1900年八国联军侵入北京纵火焚烧民居和衙署时，一部分被联军抢走，大部分也化为灰烬了。到清朝末年，残存的《永乐大典》只有几十册了。新中国成立后国内收藏家曾将散失在民间的零本捐献给国家，共有二十三册。在1951年至1956年间，苏联曾先后三次将《永乐大典》共六十四册送还我国。1955年，德意志民主共和国柏林图书馆将《永乐大典》三册送还我国。明代的文楼现在还存在，那就是故宫中的体仁阁；文渊阁大约就是清代实录库的所在。现在故宫里有清代的文渊阁，是乾隆三十七年在文华殿后新建，专为收藏《四库全书》的大书库。

18世纪80年代正是清代乾隆帝在位的时候，曾广泛收集全国的书籍，并由《永乐大典》中辑录重要遗籍，自乾隆三十七年至四十七年底（1772—1782年），用了大约十年的工夫，编成了一部大丛书《四库全书》，共有三千五百多种，三万六千多册。这一套书都是用泾榜开花纸画着朱丝栏，用工整的字体缮写的，外表装潢也极精美。当时一共缮写了七部，第一部就收藏在文渊阁里。除皇帝去浏览以外，也允许一些文学侍从的大臣和其他高级官员入阁阅览，所以文渊阁是皇宫里的最大图书馆。文渊阁本《四库全书》在抗日战争前由北平运往南京，抗日战争中运往四川、重庆的郊区，1948年又被运到台湾去了。

皇宫里有一所宫殿，是一个小型的四库全书馆，名叫摛藻堂。在《四库全书》开馆编辑时，乾隆皇帝已经六十三岁了，他恐怕不能看见全书编成，所以先选择其中最精粹的书籍编一部《四库全书荟要》，也就是《四库全书》的选集。当时编成两部，一部藏在御花园摛藻堂。这里前临轩榭，右倚小山，古柏参天，环境清幽恬静，确是盖造图书馆的好地方。现在书橱仍旧，原书也被运往台湾。另外一部本来放在圆明园，1860年与园内文源阁《四库全书》同时被英法侵略联军烧毁。

在乾清宫的旁边还有一个善本图书馆，宫殿的名字叫昭仁殿。该殿本是内廷乾清宫的东暖殿，乾隆九年（1744年）才利用这座殿收藏善本图书。这一年，检查宫廷中由明代以来所藏的宋版、金版、元版、明版以及影抄本的珍本书籍，排比次序，列架藏在昭仁殿。乾隆取汉代宫中藏书天禄阁的故事，写了一块"天禄琳琅"的匾挂在殿中。可惜在嘉庆二年（1797年）失火，昭仁殿与藏书全部被烧毁。这时，乾隆还没有死，在做太上皇帝，就又重新集中了一部分善本，编为后编。这个《天禄琳琅后编》，除去在清朝末年为清廷盗卖了不少以外，还有一部分被运到了台湾。所有残存在故宫里的和新中国成立后陆续从各地搜集回来的，现在一并都收藏在北京图书馆。

历代封建王朝，在皇宫里都有藏书楼和图书馆性质的建筑，收藏丰富的书籍，还有写书和印书的机构。明、清两代继承了这样的传统。历代帝王所以这样做，常常打着"稽古右文"②的幌子。他们真正的意图是为了笼络当时的士大夫，粉饰太平，传播有利于封建专制统治的封建文化。然而在这种意图下的收藏和编辑工作，对我国古代文化遗产的保存，客观上也起了不小的作用。

明、清时期，总理全国政治的内阁设在皇宫里，所以宫内也是保管大量王朝档案的地方。内阁旧址现在还留存有两个大库：红本库和实录库。在明朝和清初，这地方叫书籍表章库。这两个库里存有从15世纪明朝初年直到1911年辛亥革命清朝灭亡期间的大量档案，主要档案和书籍有揭帖、红本、史书、上谕档、丝纶簿、起居注、实录等③。

清代在雍正年间设立军机处后，这里也成为收存王朝中央政府重要文件的地方。军机处是军机大臣等候皇帝召见的值班房，所以屋里除去一般的红漆桌椅以外，就很少装饰了。现在故宫博物院还按当时原状陈列，可以看得清楚。原来每天早晨，皇帝将军机大臣叫到养心殿后，在"赐坐"的名义下，让他们跪在预先放在地面的垫子上"听旨"。军机大臣跪着心记大意，拟出正式的"旨意"，或者出来叫军机章京④拟稿誊写，经皇帝复阅决定后，再分发到有关各部门去。军机处是掌握当时专制政府机要文书的地方，所以和内阁一样，也留下了大批档案，而且这些政府档案是更为重要的，是现在中央档案馆历史部所收藏的最有价值的档案。这些档案，很多关系到清代二百多年间政治、军事、财政、经济、外交、水利、农业等方面的国家大事，是很宝贵的资料。

为皇帝管家的机构，明代叫内府，清代叫内务府，总机关设在宫廷里，附属机关分散在皇城内外。明代内府有十二监四司八局，由于年代已远，现在只有几处街道名称还留着这些机关的遗迹，像西安门内的惜薪司，地安门外的兵仗局、酒醋局、宝钞胡同等，都是明代内府所属机关的所在。清代有七司：广储司、会计司、都虞司、掌仪司、营造司、慎刑司、庆丰司；内务府总管各司。此外还有上驷院、武备院、奉宸院，分别管理御用马匹、武备、园囿等。除此之外，在皇宫里还有各种特种手工艺工场。我们在故宫博物院古代艺术博物馆里，会看到三四千年来我们历代祖先留下的精美的工艺美术品，有石器、玉器、陶器、铜器、骨器，等等，真是丰富多彩。这种手工艺，从奴隶社会到封建社会，在长时期内逐步发展着，到十四五世纪时特别发达。明、清两朝都曾将国内各地精工巧匠集中到北京来，在皇宫里或在御苑里建立工场，从事制造精细工巧的器物，供帝王玩弄享受。在明代，有御用监专管造办宫廷所用的围屏，摆设器具，象牙、花梨、紫檀、乌木、瀂鶒木等家具，双陆、棋子、骨牌，以及梳枇、螺钿、填漆、盘、匣、柄扇等。明代在西苑内有果园场（旧址在今北海公园内），那里制作的雕漆，到现在还保存着许多精品。还有驰名世界的景泰蓝⑤，也是出自宫廷工场的。到清朝，宫廷的工艺品工场更有发展。康熙十九年（1680年），在皇宫中设立了养心殿造办处，这就是制造皇帝玩赏工艺物品的一个工场。到了乾隆年间，大约有四十个工种的作坊，如裱作、画作、广木作、匣作、木作、漆作、雕銮作、镟作、刻字作、灯作、裁作、花儿作、绦儿作、穿珠作、皮作、绣作、镀金作、玉作、累丝作、錾花作、镶嵌作、牙作、砚作、铜作、镀⑥作、杂活作、风枪作、眼镜作、如意馆、做钟处、玻璃厂、铸炉处、炮枪处、舆图房、弓作、鞍甲作、珐琅作、画院处。

在这些作坊里，制造出多种多样

的工艺美术品。各作坊制造这些"活计"，要用金、银、铜、铁、锡、铅、金银叶、绸缎、绫罗、绢、绒线、丝弦、布匹、毡毯、皮张、席片、木竹、纸张、颜料、玉石、玛瑙、象牙、鳅角、玳瑁、蜜蜡、宝砂、锦带、丝绒带、黄白蜡、檀降香、糯米面、稻谷、煤、炭、木柴、潮脑⑦等，都是从各地以进贡名义搜刮而来。制造出来的器物，都是供皇帝在宫中陈设玩赏。故宫博物院成立之后，点收了残余的器物，数字还相当可观。如明、清工艺品陈列、宫廷原状陈列中的物品，很多是皇宫工场中制造的。在钟表陈列室里，也还有内廷造办处制造的各式时钟。

以上所说皇宫里印书、藏书、档

案和文献的保存、精巧工艺的制造等事，都保留了文化方面的大量珍贵遗产。此外，皇宫建筑的本身就表现了我国历代积累的技术创造；皇宫里各个殿、阁、宫、院等处收藏的大量文物宝玩，又保留了我国历代精制的艺术珍品。所有这些，都是过去人民在文化艺术上的创造，被封建统治者霸占了几百年，现在已重新回到人民的手里。今后在发展文化艺术、继承传统、推陈出新的工作上，它们一定会起着很大的作用，显示出十分珍贵的价值。

注释：

①中书，即内阁中书，职掌为书

写机密文件等。

②稽，考究；右，重视。全句是考究古代、重视文事的意思。

③官员报告例行政务，除向皇帝上题本外，同时还向有关衙门投送与题本内容相同的文书，叫揭帖。内外本章（题本）进呈皇帝，经内阁用红笔签批于本面的，叫红本。题本经过批红后，内阁将本中事件摘要写下来，另抄成册，以备史官记注之用，就是史书。皇帝向官民人等晓谕事理和调动官职的文书称上谕。皇帝所发一般的命令称诏令，别名"丝纶"。记录皇帝日常言行的文件叫起居注。记录每代皇帝一朝历史事实的书册叫实录。

④军机章京是军机大臣的属员，

俗称小军机。

⑤景泰蓝，一种金属掐丝工艺品，是经过多道工序，把珐琅镶嵌在铜坯或银坯中而制成的。这种工艺品的制造在明景泰年间的北京十分发达，后来就有景泰蓝的名称。

⑥镂，马头上的装饰品。

⑦潮脑是潮州（治所在今广东潮安）出产的樟脑。

七、归回人民，面貌一新

　　故宫是千百万劳动人民辛勤劳动
和智慧的创造，长期被封建统治者霸占
着。这座故宫自从在1420年建成后，第
二年三大殿就被大火烧光。修复以后，
在嘉靖朝又被烧。万历朝第三次大火，
又将三殿烧光，直到天启朝才修复起
来。在明朝二百多年中，三殿两宫一再
烧毁，自然每一次都是要由劳动人民出
钱出力进行修复。可是当年专制皇帝是
怎样对待这皇宫的呢？看了下面几次事

件，就可以说明这一点。明朝宫廷中，每年从十二月二十四日至次年正月十七日，是除旧岁、迎新年的狂欢时期，每日放花炮，安鳌山灯，扎烟火，摆滚灯。皇帝升座放花炮，回宫放花炮。正德九年（1514年），一位贵族宁王又进奉了特异的花炮和灯，因而在灯节赏灯时期，乾清宫檐前廊下挂满了五光十色的宫灯，同时大放烟火，连日不停。不料乾清宫竟被火引着，顿时火光四起，烈焰冲天。那时明世宗正德皇帝正待率领宫监到豹房①去取乐，临走，他回头看了一下乾清宫的火焰，开玩笑地对宫监们说："这是一棚最好的大烟火呵！"看他多么"豪爽"！到了清代，太和门、乾清宫、昭仁殿等也都遭过火劫。无论明也好，清也好，起火的原因有雷火，有失火，甚至有纵火，皇帝都不当它一回事，总是表示烧了再建，没有什么大不了。辛亥革命后，清朝末代皇帝溥仪还住在故宫后半部。他的管家内务府勾结太监盗卖皇宫中的古物，偷得太凶了，最后将两所文物最多的壮丽宫殿中正殿、延春阁索性放了一把火，烧个干净。辛亥革命推翻了清王朝，为什么溥仪还住在宫中呢？这里顺便做一番交代。

辛亥革命后，北洋军阀头子袁世凯篡夺了"中华民国"的政权。按照袁世凯拟订的对清皇室的《优待条例》，清帝退位后"尊号仍存不废"，"暂居宫禁，日后移居颐和园"。因此，1912

年2月12日溥仪正式宣布退位后，紫禁城除前朝三大殿划归民国外，其余地方仍为逊清皇室所盘踞。1917年7月1日，十二岁的溥仪在张勋等人拥戴下，宣布复辟；在全国一片讨伐声中，7月12日复辟失败，溥仪再次宣布退位。1924年，反对帝国主义和封建军阀的革命形势开始高涨。这年11月5日，接受革命影响的冯玉祥采取断然措施，限令溥仪"即日起永远废除皇帝尊号""即日移出宫禁"；当天，溥仪及其亲属被迫迁出了紫禁城。

从1840年鸦片战争开始，中国沦入了半殖民地半封建的境地。当时的皇帝被内忧外患逼得手忙脚乱，哪里还顾得上修理皇宫。溥仪迁出皇宫后虽然成立了故宫博物院，但历届反动政府并不真正重视对故宫的保护。因此，在1949年前，故宫建筑因长期失修，坍塌倒坏得十分严重，各处垃圾瓦砾成山，荒草荆棘高与人齐。

中华人民共和国成立后人民政府为故宫订定修理计划，立即进行修缮。首先清除垃圾瓦砾，在1952年至1958年间运出的渣土有二十五万立方米。如果利用这些垃圾修筑一条宽二米高一米的公路，可以由北京直达到天津。与此同时，更进行有计划有步骤的维修措施，方针是："着重保养，重点修缮，全面规划，逐步实施。"还在故宫博物院里设立了古建筑研究单位，聘请经验丰富的老工人，组织专业技术队伍，在科学研究基础上进行维修，把故宫作为一个考古学术工作的对象，细致地加以保护。经过努力，故宫建筑已逐渐恢复了原来的壮丽面貌。为了预防雷火，在宫殿上安装了避雷针；为了进一步保证安全，设置了消防水道，组织了消防队。另一方面，对故宫旧藏的文物也进行了科学整理，并且逐步补充收藏文物，聘请各种文物专业研究人员进行科学研究，在要求体现思想性、科学性、艺术性的原则下，把故宫好好地布置陈列起来：有综合性的古代艺术陈列；有青铜器、瓷器、织绣、雕塑、绘画以及明、清工艺品的专馆陈列。为了使现在的广大人民看到过去封建皇帝在皇宫里是怎样生活的，还保持一些宫廷历史原状的陈列。人们通过这种陈列，可以了解专制时代封建皇帝是如何无止境地剥削人民的。封建专制时代和反动政权统治时代已经一去不复返了。我们深深体会到，只有在人民掌握了政权以后，故宫这座古建筑群才能得到最好的保护与利用，广大人民才能有机会来到这座古代的皇宫，在这里自由游览，从中获得知识，受到教育，尽情观赏紫禁城的宏伟瑰丽的风貌。

注释：

①豹房，是明朝正德皇帝在宫外特造的离宫，内有各种玩乐项目，也有许多宫人侍候。据说这个骄奢淫逸的正

德皇帝后来就是死在豹房里。在西苑太液池西有豹房。传说现在北京东四报房胡同也是明代豹房遗址之一。

图7-1　珍宝馆陈列一角
（历代珍贵工艺美术品陈列）

出版说明

　　"新编历史小丛书"承自20世纪60年代吴晗策划的"中国历史小丛书",其中不少名家名作已经是垂之经典的作品,一些措辞亦有写作伊初的时代特征。为了保持其原有版本风貌,再版过程中不做现代汉语的规范化统一,读者阅读时亦可从中体会到语言变化的规律。

"新编历史小丛书"编委会

图书在版编目（CIP）数据

故宫史话 / 单士元著. —— 贵阳：贵州人民出版社，
2023.12
（新编历史小丛书. 史话）
ISBN 978-7-221-18095-7

Ⅰ.①故… Ⅱ.①单… Ⅲ.①故宫－史料 Ⅳ.
①K928.74

中国国家版本馆CIP数据核字(2023)第211044号

新编历史小丛书·史话

故宫史话
GUGONG SHIHUA

单士元 ◎著

出 版 人　朱文迅
责任编辑　唐　露
装帧设计　陈　电
责任印制　蔡继磊

出版发行　北京出版集团　文津出版社
　　　　　贵州出版集团　贵州人民出版社
地　　址　贵阳市观山湖区中天会展城会展东路SOHO公寓A座
印　　刷　贵州新华印务有限责任公司
版　　次　2024年2月第1版
印　　次　2024年2月第1次印刷
开　　本　880 mm×1230 mm　1/32
印　　张　3.25
字　　数　28千字
书　　号　ISBN 978-7-221-18095-7
定　　价　18.00元